Le dialogue interreligieux

cerf

LES CARNETS

Depuis plus de cinquante ans, la revue Fêtes & Saisons, publiée par les Éditions du Cerf, tient une place irremplaçable dans la presse catholique, en France et dans les pays francophones. Véritable encyclopédie de la foi chrétienne, elle s'efforce, dans un langage simple, de rendre accessible à tous le message de Jésus et de ses disciples. Dans le même esprit, *les Carnets de Fêtes & Saisons* proposent aujourd'hui à un large public des ouvrages faciles d'accès pour approfondir et mieux vivre la foi chrétienne.

Dans la même collection :

n° 1. Les adolescents et la foi
n° 2. Le mal et la souffrance
n° 3. Astrologie et foi chrétienne
n° 4. Quarante mots-clés pour entrer dans la Bible
n° 5. Porter la communion aux malades
n° 6. Dieu existe-t-il ?
n° 7. Découvrir l'apôtre Paul
n° 8. Une famille juive au temps de Jésus
n° 9. Prier comme Jésus
n° 10. Les miracles dans les évangiles
n° 11. Guide du catholique
n° 12. Les débuts de l'Église
n° 14. « Nouvel Âge » et foi chrétienne
n° 15. La foi qui sauve (saint Luc)
n° 16. La Bible dit-elle la vérité ?
n° 17. Les grandes intuitions de Vatican II
n° 18. Guide pour animer la messe du dimanche
n° 19. Les prophètes
n° 20. Les évangiles
n° 21. Le défi des sectes
n° 22. Le bonheur est-il possible ?
n° 23. Les paroles provocantes de Jésus
n° 24. Que se passe-t-il après la mort ?
n° 25. Le « Notre Père »
n° 26. La réincarnation
n° 27. Le Sida, vivre et mourir en communion
n° 28. Le dialogue interreligieux

L'essentiel du texte de cet ouvrage a été publié dans le n° 473 de Fêtes & Saisons.

Benoît de Sagazan

Le dialogue interreligieux

LES CARNETS

FÊTES & SAISONS

(29, boulevard La Tour-Maubourg
75340 Paris Cedex 07)

ISBN 2-204-06008-9
ISSN 1251-6627

Prière à l'« au-delà de tout »

Peut-on nommer Dieu ? Mahatma Gandhi disait que « Dieu doit avoir autant de noms qu'il y a de créatures. C'est pourquoi on peut tout aussi bien dire de Lui qu'il est sans nom. » La prière à l'« au-delà de tout » de saint Grégoire de Nazianze nous invite à louer le Seigneur avec tous les croyants des autres traditions religieuses.

Ô toi, l'au-delà de tout,
comment t'appeler d'un autre nom ?
Quel hymne peut te chanter ?
Aucun mot ne t'exprime.
Quel esprit te saisit ?
Nulle intelligence ne te conçoit.
Seul, tu es ineffable ;
tout ce qui se dit est sorti de toi.
Seul, tu es inconnaissable ;
tout ce qui se pense est sorti de toi.
Tous les êtres te célèbrent,
ceux qui te parlent et ceux qui sont muets...

De tous les êtres tu es la fin,
Tu es unique.
Tu es chacun et tu n'es aucun.
Tu n'es pas un être seul,
tu n'es pas l'ensemble.
Tu as tous les noms,
comment t'appellerais-je ?
Toi, le seul qu'on ne peut nommer ;
Aie pitié, ô Toi, l'au-delà de tout ;
comment t'appeler d'un autre nom ?

Introduction

Dieu a créé la diversité

Si nous regardons la carte des religions du monde nous constatons une diversité infinie. De multiples religions se composent elles-mêmes de confessions, de tendances et de mouvements différents. Là où il y a les différences, s'ouvrent les possibilités d'échange et de dialogue.

L'histoire du christianisme nous offre de nombreux exemples de la diversité et de la richesse des expressions de la foi. Au long des siècles, nous observons la naissance de différentes spiritualités, chacune accentuant un aspect spécifique de la pratique de la foi chrétienne : telles sont les familles bénédictine, fransciscaine, dominicaine, ignatienne... À toute époque, l'Esprit suscite de nouvelles formes de pratique religieuse : des congrégations, des mouvements laïcs, des groupes de prières. Au sein de ces spiritualités, des congrégations et des groupes, chaque personne témoigne d'une relation différente avec Dieu : « Tout homme est une histoire sacrée, l'homme est à l'image de Dieu. » Chacun est connu de Dieu et appelé par son nom.

Cela vaut pour toutes les traditions spirituelles de la planète. En fonction de leur histoire, de leur tradition, les peuples expriment de manière fort différente leur quête du sens, de la vérité, leur relation à Dieu, à l'autre et au monde.

Le destin de chacun de nous est unique. Cette constatation nous invite au plus grand respect de l'autre tel qu'il est, avec son histoire, sa personnalité, ses convictions religieuses, même si d'emblée elles nous semblent très éloignées voire opposées aux nôtres. De ce respect et de notre désir de mieux comprendre notre prochain, un dialogue naîtra. Apprendre à observer les différences entre les hommes, les peuples, les traditions religieuses, c'est discerner ce qui unit et ce qui sépare.

C'est l'Esprit qui nous met à l'écoute de frères tellement divers. L'Esprit est à l'œuvre en tout homme. En nous faisant crier « Père », l'Esprit nous unit à tous les frères humains.

1

La rencontre d'Assise

1986, année internationale pour la paix proclamée par l'Organisation des nations unies. Le 27 octobre de cette même année 1986, à Assise, cent cinquante représentants des douze principales religions du monde répondent à l'appel de Jean-Paul II. Ensemble, ils ont prié et jeûné pour la paix. Cette rencontre a donné un élan nouveau au dialogue interreligieux.

L'événement était de taille et sans équivalent dans toute l'histoire de l'humanité. Jamais rencontre de cette qualité et de cette importance n'avait été provoquée : juifs, musulmans, bouddhistes, sikhs, hindous, bahaïs, représentants des religions traditionnelles amérindiennes et africaines, shintoïstes, protestants, anglicans, orthodoxes et catholiques sont là.

Cet événement est passé d'autant moins inaperçu que le 27 octobre 1986, quarante pays dont plusieurs étaient en conflit, ont accepté de respecter cette trêve demandée par les familles religieuses présentes à Assise.

Le discours inaugural de Jean-Paul II nous révèle l'esprit de cette rencontre :

« Le fait de s'être réuni à Assise pour prier, jeûner et marcher en silence a été comme un signe limpide de l'unité profonde de ceux qui cherchent dans la religion des valeurs spirituelles et transcendantes en réponse aux grandes interrogations du cœur humain, malgré les divisions concrètes...

« Il n'y a qu'un seul dessein pour chaque être humain qui vient à ce monde quels que soient la couleur de sa peau, l'horizon historique et géographique où il se trouve, la culture où il grandit et s'exprime.

« Les différences sont un élément moins important par rapport à l'unité qui, elle, est par contre radicale, fondamentale et déterminante... »

En fidélité au concile Vatican II

Si, dans leur immense majorité, les catholiques se sentent parfaitement « en phase » avec le pape et ce qui s'est passé à Assise, certains cependant, les traditionalistes notamment, ne sont pas d'accord avec « cet esprit d'Assise » dans lequel ils voient la renonciation de l'Église à sa mission d'évangélisation. Ils lui reprochent en particulier de favoriser une certaine confusion pouvant laisser supposer que, finalement, toutes les religions se valent plus ou moins.

Ce reproche de syncrétisme est parfaitement injustifié. La présentation de cet événement par le pape ou le cardinal Etchegaray était en effet des plus claires : « Il ne faut pas s'attendre à une prière commune, déclarait le cardinal quelques mois avant la rencontre, mais on sera ensemble pour prier. Tous sont d'accord pour éviter ce qui pourrait porter au syncrétisme : on ne saurait faire prier les uns dans la prière des autres. [Chacun] pourra développer sa propre prière dans la fidélité à la tradition et [...] donner son témoignage de supplication pour la paix. »

Une démarche que précise également Jean-Paul II dans son discours d'accueil : « Ayant ainsi prié séparément, nous méditerons en silence sur notre propre responsabilité dans le travail pour la paix. Nous manifesterons alors symboliquement notre engagement pour la paix. »

Pour le bien de l'humanité entière

Le concile Vatican II s'est penché sur la question des relations entre l'Église et les religions non chrétiennes. La déclaration conciliaire *Nostra Aetate,* promulguée le 28 octobre 1965, expose la position de l'Église catholique face aux religions non chrétiennes.

Son enseignement est clair : « L'Église catholique ne rejette rien de ce qui est vrai et saint dans les autres religions. Elle considère avec un respect sincère ces manières d'agir et de vivre, ces règles et ces doctrines qui, quoiqu'elles diffèrent en beaucoup de points de ce qu'elle-même propose, cependant apportent souvent un rayon de la Vérité qui illumine tous les hommes [...] Elle exhorte donc ses fils pour que, avec prudence et charité, par le dialogue et par la collaboration avec ceux qui suivent d'autres religions, ils reconnaissent, préservent et fassent progresser les valeurs spirituelles, morales et socio-culturelles qui se trouvent en eux. »

Cette déclaration conciliaire *Nostra Aetate* est donc considérée comme la charte de la rencontre et du dialogue interreligieux. Elle rappelle le rôle de l'Église comme ferment d'unité et évoque le regard que porte l'Église sur les principales familles religieuses non chrétiennes, depuis les religions traditionnelles afro-asiatiques, l'hindouisme et le bouddhisme, jusqu'aux religions monothéistes que sont l'islam et le judaïsme.

En conclusion, elle réaffirme la réprobation de l'Église pour toute discrimination qui aurait des motifs raciaux, sociaux ou religieux et lance un appel à la paix en poussant les catholiques à rencontrer leurs frères d'autres religions et à dialoguer avec eux.

Le pouvoir symbolique d'Assise

Plus de vingt ans après cette déclaration conciliaire, la rencontre d'Assise peut en apparaître comme la consécration. Cette volonté de rencontre et de dialogue avec les autres religions sera constamment répétée lors des voyages du Saint-Père en Afrique, en Asie ou en Océanie.

Elle sera également fortement réaffirmée dans deux encycliques importantes puisque la première, *Christi fideles laici* (1988) engage sur cette voie les laïcs catholiques et que la seconde, *Redemptoris missio* (1991), rappelle l'engagement missionnaire de l'Église.

Sur le terrain, de nombreuses rencontres multiconfessionnelles ont eu lieu et notamment lors de la guerre du Golfe. Ces rencontres, si elles ont été largement encouragées par l'événement phare qu'a été Assise, ont pour certaines d'entre elles été établies bien avant 1986, voire même avant le concile Vatican II. Mais le plus important demeure que la rencontre d'Assise possède « un pouvoir symbolique plus grand que n'importe quelle déclaration » (Joseph Doré).

Religions et paix, l'appel de Bruxelles

Dans la lignée de la rencontre d'Assise, les représentants des grandes religions se sont retrouvés à Bruxelles pour prier pour la paix. Voici de larges extraits de l'appel qu'ils ont lancé d'une voix commune, le 15 septembre 1992.

« Provenant de pays différents et de différentes traditions religieuses, nous nous sommes faits pèlerins à Bruxelles, au cœur de l'Europe, poussés par l'amour pour la paix, par le désir de nous rencontrer, par la volonté de prier Celui qui est plus grand que nous. Nous nous sommes inscrits dans un chemin de prière pour la paix qui dure depuis des années, passant par Assise, Rome, Varsovie, Bari, Malte.

Nous sommes croyants et hommes de religion, sans force matérielle, mais convaincus que du plus profond de nos traditions religieuses jaillissent de grandes énergies de foi et d'amour... Les religions ne veulent pas la guerre. Elles veulent au contraire enraciner profondément la paix dans les cœurs.

« Le monde a énormément changé ces dernières années. Des situations de tension sont en train de se résoudre. Le système de la guerre froide a disparu. Toutefois, la guerre et la violence n'ont pas été effacées de la terre des hommes. Elles ont continué à se répandre dans le monde comme une maladie qui a trouvé un terrain fertile dans les situations de déséquilibre économique... Souvent ces situations sont considérées insolubles.

« Nous demandons la paix pour tous les hommes qui souffrent de la guerre. Nous demandons aux responsables politiques de faire leur possible pour éviter que la violence se propage. Cela doit devenir leur engagement prioritaire. En tant qu'hommes de religion, nous nous engageons à prêcher la paix et à éduquer les croyants au dialogue. Là où il y a une lutte violente, que le dialogue prenne la place des armes. Les religions avec les trésors de leur foi, peuvent animer un futur de paix.

« De Bruxelles nous demandons au Nord de ne pas oublier le Sud [...] Nous sommes, en effet, convaincus qu'il n'y aura pas de véritable paix pour tous les peuples de la terre tant que certains d'entre eux seront abandonnés à leur destin de misère. Nous avons adressé notre prière à Dieu pour qu'Il aide les hommes et les femmes à bâtir la paix. Il peut plier les cœurs des violents, donner la sagesse et l'esprit de justice. Il peut soutenir les chercheurs de paix. Dans nos différences, nous nous présentons au monde solidaires les uns des autres : nous voulons faire entendre une voix concordante qui exhorte tous les hommes à se faire bâtisseurs de la paix et d'un ordre international plus juste.

« Et nous continuerons, plus proches les uns des autres, sur ce chemin de foi et de paix. »

Les religions de la planète

Nombre de fidèles des différentes religions dans le monde en 1992 et prévisions pour l'an 2000[1].

Population mondiale : 5,5 milliards d'habitants.

Religions	1992	Prévisions an 2000
Catholiques	998 906 000	1 144 000 000
Protestants	356 033 000	386 000 000
Orthodoxes	183 577 000	199 819 000
Anglicans	55 264 000	61 037 000
Musulmans	988 004 000	1 200 653 000
Juifs	18 011 000	19 173 600
Hindouistes	736 127 000	859 252 300
Bouddhistes	330 498 000	359 092 100
Sikhs	19 289 000	23 831 700
Nouvelles religions[2]	121 724 000	138 263 800
Religions traditionnelles[3]	99 646 000	100 535 900
Autres religions	35 092 800	45 781 600

1. Sources : *Bulletin international de recherche missionnaire*, janvier 1992. Les chiffres cités indiquent seulement des ordres de grandeur donnant une idée de l'importance numérique de chacune des religions citées. Ne sont pas comptabilisés les « sans-religion » (environ 1 milliard en 1992) et les athées (environ 200 millions en 1992).

2. Il s'agit des adeptes des « nouveaux mouvements religieux » (voir p. 52).

3. Appelées autrefois : « animistes ».

Les religions dans le monde
Repères chronologiques

3000 av. J.-C.	Égypte	Livre des morts, culte d'Osiris
1850	Canaan	Abraham
1800	Inde	Les Veda, religion brahmanique
1250	Égypte/Canaan	Moïse
1200	Mexique	Culte de Tiatoc
1000	Israël	David, le Temple de Jérusalem
1000	Grèce	Delphes, culte d'Apollon
753	Rome	Cultes de Jupiter, Junon, Minerve
700	Perse	Zarathoustra : zoroastrisme
660	Japon	Le shintoïsme
640	Chine	Lao-Tseu fonde le taoïsme
543	Inde	Bouddha
555	Chine	Confucius
30 ap. J.-C.	*Jérusalem*	*Mort de Jésus Christ, débuts du christianisme*
60	Chine	Introduction du bouddhisme en Chine
70	Jérusalem	Destruction du Temple de Jérusalem
300	Mexique	Début de la période maya
315	Rome	Conversion de l'empereur Constantin au christianisme
570	Arabie	Naissance de Mahomet
600	Inde	Renaissance du brahmanisme, recul du bouddhisme
622	Arabie	L'Hégire : début de la religion musulmane
700	Mexique	Apogée de la civilisation maya
1054	Orient	Les Eglises orientales se séparent de Rome : les orthodoxes
1191	Japon	Le bouddhisme zen
1520	Allemagne	Luther se sépare de Rome : le protestantisme
1534	Angleterre	Schisme provoqué par Henri VIII : l'anglicanisme
1647	Angleterre	Fondation des quakers
1830	États-Unis	Les mormons
1844	États-Unis	Les adventistes
1872	États-Unis	Les Témoins de Jéhovah
1950	États-Unis	L'église de scientologie
1954	Corée	Moon et l'église de l'Unification

2

Les appartenances religieuses en France

La France, « fille aînée de l'Église », est de tradition catholique. Mais il aura fallu l'affaire d'un « foulard islamique » dans un lycée pour que le pays entier prenne vraiment conscience de l'existence d'une réelle diversité religieuse. Outre les diverses religions chrétiennes, catholiques, protestantes et orthodoxes, la France abrite, en nombre non négligeable, des fidèles appartenant à d'autres religions.

Les religions chrétiennes

Les catholiques.

Avec 76 % de sa population déclarant appartenir à cette religion en 1995, la France est un pays très majoritairement catholique.

Mais tous ne vivent pas cette appartenance de la même manière. Ces différentes attitudes vont de la pratique religieuse régulière à la quasi-indifférence, en passant par tous les sentiments et convictions intermédiaires. Les pratiquants réguliers représenteraient seulement 13 % de la population catholique, les pratiquants occasionnels, 18 % et les non pratiquants, plus de 45 %[1].

1. *La Croix*, Sofres, mars 1995.

Les protestants.

Officiellement, les Églises protestantes en France comptent 900 000 membres[1]. Mais différents sondages font monter ce chiffre, avec celui des sympathisants, à plus d'un million et demi.

Les principales Églises de cette famille religieuse se retrouvent au sein de la Fédération protestante de France, dont les plus importantes sont les Églises réformées (calvinistes) et les Églises luthériennes.

Longtemps persécutés dans notre pays, les protestants affichent un degré de pratique religieuse particulièrement élevé ainsi qu'un fort engagement social.

À côté de cette religion chrétienne (catholiques et protestants) dominante, les autres confessions religieuses sont très nettement minoritaires mais non dénuées d'importance.

Les orthodoxes.

La présence orthodoxe dans notre pays est relativement récente. Parmi les 200 000 chrétiens orthodoxes vivant actuellement en France, on trouve des Français d'origine russe et grecque mais aussi roumaine, ukrainienne, géorgienne, serbe, libanaise et syrienne, égyptienne[2].

Depuis 1939, un comité inter-orthodoxe réunit les évêques résidant en France. La plupart d'entre eux se trouvent en région parisienne et dans le sud-est du pays.

---

1. *L'Église catholique en Fance,* (annuaire), Éd. du Cerf-Centurion, 1998.
2. *Ibid.*

Les églises arménienne et anglicane.

On ne peut terminer ce rapide panorama sans signaler la présence en France de l'Église apostolique arménienne et de la Communion anglicane qui comprennent respectivement 180000 et 15000 membres.

L'islam, deuxième religion en France

Quatre millions de personnes résidant en France se déclarent de religion musulmane. L'islam est la deuxième religion de notre pays[1].

Son apparition et son développement remontent aux lendemains de la Seconde Guerre mondiale, quand la France fit appel à une main-d'œuvre nouvelle issue des pays du Maghreb pour développer son économie.

La communauté musulmane en France regroupe des réalités d'origines et de cultes divers : les Maghrébins représentent 63,5 % de cette population (les Algériens comptant, à eux seuls, pour près de 35,5 %), les musulmans de nationalité française (familles d'anciens harkis et Français convertis à l'islam), près de 20 %. Les autres sont originaires du Sénégal, du Mali, de Turquie, de l'ex-Yougoslavie ou du Moyen-Orient.

La grande majorité d'entre eux se rattachent au courant sunnite, même si cette adhésion couvre en réalité des pratiques et philosophies spirituelles différentes.

Contrairement aux autres grandes religions présentes en France, la communauté musulmane ne possède aucune organisation susceptible de la représenter au niveau national. Ni

1. *Ibid.*

la Fédération nationale des musulmans de France, ni la Grande Mosquée de Paris (longtemps sous obédience algérienne), ni même le CORIF (Conseil de réflexion sur l'islam en France), constitué à l'initiative du ministère de l'Intérieur, ne peuvent prétendre à cette représentation.

Cette absence d'organe fédérateur ou représentatif, le faible niveau de vie de ses membres (75 % des actifs sont des travailleurs manuels) s'ajoutent aux difficultés culturelles qui gênent la bonne intégration des musulmans en France. De plus, l'avenir de cette communauté réside également dans la situation difficile de ses jeunes, nés sur le territoire français et tiraillés entre le respect de leur tradition familiale et l'attirance pour une société laïque occidentale qui les a vu grandir.

La communauté juive

Divisés en deux grandes familles, les ashkénazes, originaires de France et d'Europe centrale, et les sépharades, originaires du Bassin méditerranéen, les juifs en France sont estimés à 700 000 personnes[1].

Comme pour les protestants, leur reconnaissance officielle ne date que de la Révolution française et de l'Empire français qui a incité cette communauté à se doter d'un organe représentatif : le Consistoire central de France.

Malgré cette reconnaissance, la communauté juive de France n'a pas été épargnée par l'antisémitisme, même si celui-ci s'est atténué depuis la seconde guerre mondiale qui a vu 270 000 juifs français déportés dans les camps de concentration. Malgré ces lourdes pertes en vie humaines, la communauté juive a

1. *L'Église catholique en France,* (annuaire), Éd. du Cerf-Centurion, 1998.

néanmoins connu une rapide croissance aux lendemains de la guerre avec l'arrivée de coreligionnaires en provenance d'Europe de l'Est, d'Égypte et de près de 120000 juifs français sépharades venus d'Algérie lors de l'indépendance de cet ancien département.

La majorité de cette population est plutôt non pratiquante; seulement 15 à 20 % des juifs de France pratiqueraient régulièrement les préceptes de leur religion.

Les religions asiatiques

Parmi les religions et philosophies religieuses d'origine asiatique, on trouve en première place le bouddhisme. Selon l'Union bouddhiste de France (UBF), on compterait aujourd'hui dans notre pays 600000 bouddhistes dont 150000 Français (de souche et par acquisition de nationalité).

La plupart sont principalement des réfugiés du Sud-Est asiatique (Cambodgiens, Laotiens, Vietnamiens). Arrivé avec les premiers réfugiés dès les années 50, le bouddhisme a connu une croissance très rapide. Près de soixante-dix centres, pagodes et monastères sont implantés dans notre pays, la France devenant de ce fait le pays d'Europe où cette religion est la plus représentée.

À côté des bouddhistes, on trouve également des adeptes, peu nombreux, des religions populaires chinoises et du confucianisme.

Les sectes

Pour être vraiment complet, il conviendrait de signaler toute une mosaïque de sectes dont il est bien difficile de dire exactement le nombre d'adhérents.

Un groupe qui monte : les « sans-religion »

Enfin, il n'est peut-être pas inutile de rappeler l'existence d'un groupe dont le nombre ne cesse de progresser : celui des « sans-religion ». Dans les statistiques, ce groupe informel représente plus de 6 % de la population française, soit près de 3,5 millions d'individus. En fait, selon certains experts, on pourrait y ajouter nombre de baptisés qui se déclarent « indifférents », ce qui porterait de 6 à15 % la population athée ou indifférente. Cette augmentation régulière a de quoi faire réfléchir les fidèles des grandes religions présentes sur notre territoire.

3

L'Église et le dialogue

Au moyen de ses documents officiels, l'Église invite les fidèles au dialogue interreligieux. Voici quelques textes qui dévoilent le sens profond de ce dialogue : se rencontrer demande un approfondissement de l'engagement religieux personnel du chrétien.

Ce que les hommes ont en commun

« À notre époque, où le genre humain devient de jour en jour plus étroitement uni et où les relations entre les divers peuples augmentent, l'Église examine plus attentivement ses relations avec les religions non chrétiennes. Dans sa tâche de promouvoir l'unité et la charité entre les hommes, et même entre les peuples, elle examine ici d'abord ce que les hommes ont en commun et qui les pousse à vivre ensemble leur destinée.

« Les hommes attendent des diverses religions la réponse aux énigmes cachées de la condition humaine qui, hier comme aujourd'hui, troublent profondément le cœur humain : Qu'est-ce que l'homme ? Quel est le sens et le but de la vie ? Qu'est-ce que le bien et qu'est-ce que le péché ? Quels sont l'origine et le but de la souffrance ? Quelle est la voie pour parvenir au vrai bonheur ? Qu'est-ce que la mort, le jugement et la rétribution après la mort ? Qu'est-ce enfin que le mystère dernier et ineffable qui entoure notre existence, d'où nous tirons notre origine et vers lequel nous tendons ? »

(Concile Vatican II, *Nostra Aetate*, § 1)

Un dialogue respectueux

« Tous les fidèles, spécialement les laïcs qui vivent au milieu de peuples d'autres religions, que ce soit leur pays d'origine ou un pays où ils ont émigré, devront être pour les habitants de ces pays un signe du Seigneur et de son Église, d'une façon adaptée aux circonstances de vie de chaque pays. Le dialogue entre les religions est de toute première importance parce qu'il conduit à l'amour et au respect réciproque; il efface ou tout au moins atténue les préjugés entre les adeptes des diverses religions et promeut l'unité et l'amitié entre les peuples. »

(Encyclique de Jean-Paul II, *Christi fideles laici,* § 35, décembre 1988.)

Un engagement plus profond

« Le dialogue interreligieux ne tend pas simplement à une compréhension mutuelle et à des relations amicales [...]. Par le dialogue, les chrétiens et les autres sont invités à approfondir les dimensions religieuses de leur engagement et à répondre, avec une sincérité croissante, à l'appel personnel de Dieu et au don gratuit qu'il fait de lui-même, don qui passe toujours, comme notre foi nous le dit, par la médiation de Jésus Christ et l'œuvre de son Esprit.

« Étant donné cet objectif, à savoir une conversion plus profonde de tous à Dieu, le dialogue interreligieux possède sa propre valeur. Durant ce processus de conversion, "peut naître la décision d'abandonner la position spirituelle ou religieuse précédente pour en embrasser une autre". Le dialogue sincère implique d'une part que l'on accepte l'existence de différences et même de contradictions, et d'autre part que l'on accepte la libre décision que les personnes prennent en accord avec les impératifs de leur conscience. Il faut cependant se souvenir de l'enseignement du Concile : "Tous les hommes sont tenus de chercher la vérité, surtout en ce qui concerne Dieu et son Église ; et quand ils l'ont connue, de l'embrasser et de lui être fidèles". »

(« Dialogue et annonce », document du Conseil pontifical pour le dialogue interreligieux et de la Congrégation pour l'évangélisation des peuples, juin 1991.)

4

Toutes les religions se valent-elles ?

Dialoguer, se rencontrer entre croyants de différentes traditions religieuses, reconnaître chez l'autre « ce qui est saint », ne revient-il pas à penser que toutes les religions se valent ? Si toutes les religions peuvent assurer le salut de l'homme, que reste-t-il de la spécificité chrétienne ? Jésus, Bouddha et Mohammed, même combat ?

Ces questions, beaucoup se les posent. Des théologiens chrétiens ont même écrit dans ce sens. Mais quelle est la position officielle de l'Église sur ce sujet ?

« Hors de l'Église pas de salut ? »

Cette formule est apparue au Moyen Âge, et dans une société massivement christianisée, elle allait plus ou moins de soi. Mais cette façon d'envisager les choses a traversé les époques, et a justifié en grande partie l'épopée missionnaire des siècles passés. Il fallait, coûte que coûte, « gagner les âmes au Christ » afin que tous les hommes soient sauvés. Ce qui a mobilisé tant de missionnaires, souvent au péril de leur vie, ne serait-il donc plus d'actualité ?

Le concile Vatican II (*Lumen gentium*, § 16) a remis vigoureusement les choses au point en expliquant qu'on ne pouvait plus, aujourd'hui, tenir ce genre de langage. En vérité, affirme le Concile, tous les hommes, qu'ils soient croyants ou non, qu'ils soient baptisés ou non, seront sauvés s'ils ont été « de bonne foi » dans leur démarche et « de bonne volonté » dans leur existence.

Dans cette nouvelle perspective, les pères du concile

Vatican II ont invité les chrétiens à une nécessaire conversion de leur regard sur les autres religions. Il ne s'agissait nullement pour eux, bien sûr, d'affirmer que « finalement toutes les religions se valent ». Ils voulaient seulement, sans pour cela qu'ils renoncent à l'annonce explicite de l'Évangile, inviter les chrétiens à se montrer respectueux des autres croyances... et à ne pas oublier que Jésus Christ est venu pour que tous les hommes soient sauvés (1 Tm 2, 4) et pas seulement ceux qui ont eu la chance de pouvoir le connaître grâce à l'Église catholique.

Jésus, l'unique Sauveur

Cet enseignement du Concile est repris par Jean-Paul II dans son encyclique *Redemptoris missio* du 7 décembre 1990.

À son tour, le pape souligne que, si pour les chrétiens « Jésus est l'unique Sauveur de toute l'humanité », le salut est bien offert à tous les hommes, y compris à ceux qui ne connaissent ni l'Église ni le Christ.

Dans les traditions religieuses non chrétiennes en effet, les croyants peuvent faire une expérience authentique de Dieu. Mais cette expérience est incomplète pour un chrétien dans la mesure où il pense que seul Jésus Christ apporte une dimension définitive à la Révélation de Dieu. Dans cette perspective, il ne s'agit donc pas pour le chrétien de dire que toutes les religions se valent, mais simplement de reconnaître qu'il y a d'autres approches de Dieu qui ne sont pas sans valeur ni sans grandeur.

Ainsi, pour un chrétien, si toutes les religions ne se valent pas, la rencontre avec des adeptes d'autres religions permet, dans un respect réciproque, d'aller plus loin dans sa propre foi, d'éliminer certains malentendus qui opposent certains croyants; et elle aide ainsi à la conversion de chacun. L'Église, par son origine et sa vocation profonde a une mission à remplir auprès de l'humanité entière; cette mission, elle doit l'accomplir dans un esprit de dialogue.

5

La mission de l'Église

***« Comme le Père m'a envoyé, moi aussi je vous envoie. »* Peut-on à la fois être attentifs aux autres religions, ouverts au dialogue et pourtant annoncer Jésus Christ ? Pour tout homme soucieux de proclamer l'Évangile, la question est réelle et vaut d'être abordée ici.**

Faut-il choisir entre le dialogue interreligieux et la mission ? Va-t-on classer les chrétiens en deux catégories : ceux qui désirent annoncer Jésus Christ à temps et à contretemps, et ceux qui s'engagent dans une relation amicale avec les adeptes des autres religions, acceptant plus ou moins clairement de ne pas souligner leur appartenance chrétienne ?

Qu'est-ce que la mission ?

L'un des beaux textes de l'Évangile qui puisse répondre à la question est sans conteste la grande prière de Jésus rapportée au chapitre 17 de saint Jean. C'est la conclusion du discours après la Cène. Elle exprime merveilleusement le sens que Jésus a donné à sa vie. Elle est comme le testament du Maître, le moment où, pour la dernière fois, il s'adresse aux siens et leur confie le soin de poursuivre sa tâche.

Au soir du Jeudi saint, Jésus pria ainsi : « Père, j'ai achevé l'œuvre que tu m'as donné à faire [...] J'ai manifesté ton nom aux hommes » (Jn 17, 4-6). Voilà la raison d'être de Jésus, l'orientation de toute sa vie : faire connaître son Père, dévoiler la façon dont il nous aime. On devine déjà qu'il ne peut y avoir de mission plus importante pour tous ceux qui veulent marcher à sa suite : il faut faire connaître Dieu. Non pas en reprenant des caricatures ou des clichés dont sont friands les médias comme les conversations de salon. Mais un visage surprenant de Dieu, celui qu'a voulu dévoiler Jésus de Nazareth.

Pour nous, chrétiens, c'est une mission importante. Comme Jean le souligne, il y va de la vie du monde. Jésus est venu pour que les hommes aient la vie et qu'ils l'aient en plénitude (Jn 10, 10). Y a-t-il plus beau programme pour l'Église, en ces temps de notre histoire? Mais Jésus ajoute que la vie, la vraie vie, c'est connaître Dieu en vérité (Jn 17, 3).

Cette vie n'est pas seulement un bonheur dans l'au-delà. Paul, Jean, et tous les auteurs du Nouveau Testament cherchent à la faire découvrir. La vraie vie, la vie en plénitude, commence dès maintenant. Le destin de l'homme se joue dans une rencontre de Dieu avec notre histoire. Il faut comprendre ainsi le rôle de l'Église. Les théologiens, et Jean-Paul II lui-même, aiment à dire qu'elle est, à la suite de Jésus, le « sacrement » de la rencontre de Dieu avec l'homme. Elle est là pour permettre à l'homme de rencontrer Dieu en vérité. On ne peut oublier que chaque homme est dans un contexte différent. Il a son histoire, ses traditions culturelles et religieuses. « Tout homme est une histoire sacrée », comme nous le chantons. Il faut en tenir compte.

La mission n'est pas une conquête

Il fut une époque où les images de conquête étaient monnaie courante dans le vocabulaire de la mission. L'histoire en porte encore les tristes conséquences. Les chrétiens abordent cette question avec humilité. Ils savent bien qu'il leur est arrivé, comme à d'autres, de confondre mission et conversions forcées. Ne faut-il pas souhaiter que ces temps soient révolus? On comprend alors pourquoi Jean-Paul II tient à faire découvrir l'importance, à notre époque, du dialogue interreligieux. Il souligne : l'Église propose, elle n'impose rien; elle respecte les personnes et les cultures, elle s'arrête devant l'autel de la conscience (*Redemptoris missio,* 39).

En professant pour la première fois un « respect sincère » pour les autres religions, le Concile a rendu possible un véritable dialogue. Le pape en a donné l'exemple à Assise et en bien d'autres occasions.

La mission comme dialogue

Continuons à prendre saint Jean pour guide. Le prologue de son évangile est un hymne à la Parole de Dieu. Nous comprenons que cette Parole qui prend corps en notre humanité est en réalité Jésus lui-même. Parole dite par le Père, parole qui se propose à l'homme, Parole qui appelle une réponse. Nous trouvons là une des caractéristiques de la Révélation de Dieu accomplie par Jésus. Elle va à l'encontre de bien des conceptions véhiculées par d'autres familles religieuses.

On croit rêver. Dieu veut-il vraiment entrer en dialogue avec l'homme ? Mais la Bible en donne de nombreux exemples. Souvenons-nous de Jérémie et de ses cris devant la difficulté de sa mission. Pensons à Marie au jour de l'Annonciation. Voyons l'attitude de Jésus avec ceux qu'il rencontre : Nicodème, la Samaritaine, l'aveugle-né, la femme adultère, et même Pilate ou le bon larron. Dialogue parfois discret, toujours respectueux. Il est parfois voué à l'échec ; dans d'autres cas, il est simple semence qui lèvera quand le temps de la moisson sera venu.

Jésus est le modèle. Il n'a pas cherché à convertir de force. Il n'a pas appelé des armées à son secours, même pas des légions d'anges. Doux et humble de cœur, il ne favorise pas l'éclosion des fanatismes et des intégrismes qui sont le risque d'un zèle religieux mal compris. Le dialogue est accueil et respect de l'autre. Le dialogue est la seule instance qui accepte la liberté de l'interlocuteur et qui fasse grandir cette liberté. Si notre mission consiste à manifester au monde le Dieu de Jésus Christ, il devient clair qu'il est de première importance qu'elle s'accomplisse sous le signe du dialogue.

Ce n'est pas un préalable

Certains présentent parfois le dialogue comme un préalable. Il s'agirait là de préliminaires qui permettraient de passer ensuite aux choses sérieuses. La mission au sens strict viendrait après.

Jean-Paul II met en garde contre une telle vision. L'annonce de l'Évangile est déjà contenue dans toutes ces formes de dialogue qu'énumèrent tant l'encyclique sur la mission du Christ Rédempteur que le document « Dialogue et annonce ». « Dans la conscience de l'Église, la mission apparaît comme unitaire, mais complexe et articulée : la présence, le témoignage, l'engagement au service des hommes, la vie liturgique, le dialogue, l'annonce, la catéchèse » (« Dialogue et annonce », 13).

Dans une telle perspective l'Église, grâce à la mission, ne se contente pas de chercher à augmenter ses effectifs, elle n'élargit pas seulement son « espace » géographique. Elle s'enrichit, elle découvre les richesses que l'Esprit a fait naître dans les autres traditions religieuses. Elle s'en nourrit. « Grâce au dialogue, l'Église entend découvrir les "semences du Verbe", les "rayons de vérité qui illuminent tous les hommes", semences et rayons qui se trouvent dans les personnes et dans les traditions religieuses de l'humanité » (*Ibid.*, 56).

Le temps de la mission n'est pas terminé

Dans bien des lieux les situations sont difficiles. C'est en pensant à ceux-ci que le document romain précise : « Il est évident que dans les situations où, pour des raisons politiques ou autres, l'annonce est pratiquement impossible, l'Église accomplit déjà sa mission évangélisatrice, non seulement par sa présence et son témoignage, mais aussi par ses activités telles que l'engagement pour le développement humain intégral et le dialogue lui-même » (*Ibid.,* 76).

Aujourd'hui comme dans les siècles passés, l'Église est vivante. Elle instaure partout dans le monde un dialogue vivant avec les grandes traditions de l'humanité. Rarement une période a été aussi féconde que la nôtre.

Mais sous les formes multiples que prend aujourd'hui la mission, la communauté chrétienne continue à répondre à l'ordre que lui a donné le Seigneur : « Comme le Père m'a envoyé, moi aussi je vous envoie. »

La mission au jour le jour

Lisons ce témoignage de la rencontre avec un missionnaire contemporain, témoin de Dieu et compagnon des hommes sur leur chemin quotidien : « C'était aux confins du Mali et du Burkina-Faso. J'avais passé deux grandes journées amicales chez l'un des Anciens du village. Cet homme, l'un des "premiers chrétiens" de ce coin du monde, avait été un catéchiste. Envoyé en Mission par son évêque, il avait fondé une communauté chrétienne, là où l'Évangile n'avait jamais été annoncé. Il était maintenant catéchiste honoraire, aimé et respecté de tous. Nous venions de prendre notre dernier repas ensemble et nous étions assis sous l'arbre à savourer les instants qui restaient avant mon départ. Je m'enhardis à poser une question : *"Dis-moi une parole sur Dieu, pour que je puisse la rapporter aux chrétiens de ma communauté."* Alors, il m'a dit ceci : *"Dieu, on ne peut rien dire de lui. Il est trop grand pour cela. La seule chose que tu peux dire, c'est ce qu'il a fait de ta vie. Quand un de mes frères venait me voir pour me demander d'être chrétien, je lui disais : 'Je ne te dirai pas grand-chose de Dieu ; mais, si tu veux, je peux être un compagnon sur ta route pour t'aider à découvrir ce que Dieu va faire de ta vie.'" Sa phrase est restée gravée* en moi. Je pense qu'elle définit très bien le rôle de celui qui annonce l'Évangile. La Mission est un compagnonnage sur les routes de la vie. »

6

Un dialogue à la portée de tous

Les catholiques sont invités à participer activement à la rencontre ou au dialogue interreligieux, que ce soit par les actes de leur vie quotidienne, leur engagement social ou la prière.

L'encyclique *Redemptoris missio* encourage ce « dialogue de vie » par lequel les croyants de diverses confessions témoignent les uns pour les autres, dans l'existence quotidienne, de leurs valeurs humaines et spirituelles et s'entraident à en vivre pour édifier une société plus juste et plus fraternelle.

Ce dialogue est nécessaire et urgent. Lorsqu'il s'adresse aux laïcs, Jean-Paul II insiste : « Les laïcs devront être [pour les étrangers] un signe du Seigneur et de son Église. [Ce dialogue] est de toute première importance parce qu'il conduit à l'amour et au respect réciproque ; il efface ou tout au moins atténue les préjugés entre les adeptes des diverses religions et promeut l'unité et l'amitié entre les peuples. »

Et Mgr Pierre Claverie, évêque d'Oran, qui est mort en Algérie victime du terrorisme, dans les conditions que l'on connaît, rappelle qu'il n'y a pas de dialogue sans vérité : « Pas de dialogue sans coexistence, pas de coexistence sans respect des différences, pas de respect de l'autre sans attention portée à ce qu'il est, aujourd'hui, dans sa réalité et ses intentions.

Pas d'attention possible à la réalité des autres sans sortir des dogmatismes, des jugements *a priori,* des ornières du passé. Autrement dit, pas de dialogue sans vérité. Ce qui est en cause dans nos rencontres est mesuré par la qualité de vérité qu'elles recèlent et qui nous permet de fonder nos relations sur le roc. [...] Nous sommes encore loin d'avoir créé les conditions qui rendent possible cette "sincérité" : pressions sociales, intellectuelles, politiques, exclusives religieuses nous font encore entretenir le double langage de la peur.

« Le temps des croisades est-il revenu? Non, car il est entendu qu'en revendiquant le droit à la sincérité pour tous, musulmans en milieu chrétien et chrétiens en milieu musulman, nous devons parcourir ensemble les étapes de la "difficile rencontre" » (*Documentation catholique*, n° 1929).

La rencontre au quotidien

Pas besoin de s'expatrier, ce dialogue se produit à chaque instant, là où nous sommes : depuis notre cage d'escalier jusqu'à notre lieu de travail. Le brassage des populations fait aujourd'hui que l'étranger est à notre porte, un étranger que nous oublions souvent de rencontrer parce que nous ne partageons ni la même culture ni la même religion. D'autres sont Français, mais leur appartenance religieuse au judaïsme, à l'islam ou au bouddhisme font qu'ils ne s'insèrent pas dans le cercle de nos relations. Pourtant notre mission de baptisés nous pousse à nous intéresser de près à ces « prochains » qui nous sont envoyés.

Le dialogue interreligieux ne prend pas ici les allures de longues discussions sur la concordance ou la différence de nos conceptions théologiques. Il se fait par le témoignage humble mais explicite de notre intérêt pour ces personnes. Intérêt pour ce qu'elles sont et ce qu'elles font. Par cet intérêt nous témoignons réellement de notre foi en l'homme « créé à l'image de Dieu ».

Vaincre la peur

Ce dialogue est souvent fait tout d'abord de gestes simples, de sourires, d'attention, de paroles échangées, d'amitiés naissantes. Mais aussi simple soit-il, il ne va pas de soi. Il faut d'abord surmonter la peur : la peur de l'étranger, de l'intégrisme qu'il est censé véhiculer, la peur de n'être plus chez soi, d'être envahi... La peur aussi de faire le premier pas vers l'autre.

Ce qui nourrit principalement la peur, on le sait, c'est la méconnaissance de l'autre, de ce qui fait l'autre. Autrement dit, sa culture et sa religion. Cette peur-là peut donc être vaincue à la fois par une meilleure connaissance et un enracinement plus profond de son attitude dans les fondements de sa foi chrétienne.

Une enquête réalisée en 1991 sous l'égide de la Commission épiscopale des missions à l'extérieur (CEME) dont les réponses proviennent de vingt-trois diocèses de France, a révélé des exemples concrets de ce « dialogue de vie ». Ces rencontres ont lieu sur les marchés avec des commerçants nord-africains à Sens, ou lors de super-méchoui avec des conteurs maghrébins à Montpellier. Elles se font dans des associations, lors de cours d'alphabétisation. On voit également des chrétiens participer au financement d'une pagode bouddhique à Noyant... La liste pourrait être longue.

Des valeurs communes à promouvoir

Le dialogue interreligieux ne peut ni ne doit s'arrêter au seuil de l'engagement social. La nécessité de cet engagement des chrétiens aux côtés de croyants d'autres religions se fait particulièrement ressentir là où apparaissent des situations d'urgence qui menacent l'homme dans sa vie physique ou morale.

S'adressant aux chrétiens et aux musulmans du Mali, Jean-Paul II dresse la liste des champs opérationnels : la paix, la justice, le respect mutuel, la dimension intérieure de l'homme, le destin ultime de l'humanité... Devant la communauté juive de Rome, il évoque également « le droit à la vie, depuis la conception jusqu'à la mort naturelle... le grand domaine de l'éthique individuelle et sociale ».

D'autres voix se font l'écho de cette collaboration qui ne peut qu'être fructueuse. Ainsi, alors que la guerre du Golfe battait son plein, le secrétaire général de la Conférence islamique, Hamid Algabib, écrivait au pape : « Les chrétiens et les musulmans qui peuplent la plus grande partie de la planète, espèrent que la communauté des croyants se décidera à œuvrer résolument à combattre la pauvreté, la maladie et l'analphabétisme, ces fléaux dont souffre l'humanité. »

On le voit, les grandes religions se découvrent des valeurs communes à défendre et à promouvoir. Déjà en 1970, la Conférence mondiale des religions pour la paix qui se déroulait au Japon faisait le constat de ce qui les unissait : « une conviction de l'unité fondamentale de la famille humaine, de l'égalité et de la dignité de tous les hommes ; un sentiment de l'inviolabilité de l'individu et de sa conscience ; un sentiment de valeur de la communauté humaine ; une prise de conscience que le pouvoir humain ne peut se suffire à lui-même et qu'il n'est pas absolu ; la certitude que l'amour, la compassion, le désintéressement et la force de l'esprit et de la vérité intérieure sont en définitive plus forts que la haine, l'inimitié et l'égoïsme ; un sentiment de notre devoir de nous tenir aux côtés des pauvres et des opprimés contre les riches et les oppresseurs ; la profonde espérance que finalement la bonne volonté triomphera[1] ».

1. Dennis Gira, *Les Religions*, Centurion, 1991.

Des vœux pieux ?

Ces déclarations sont bien belles, mais sont-elles suivies d'effet ? Des exemples multiples recensés aux quatre coins de la planète montrent que nombre de communautés s'investissent dans cet engagement commun.

Au Mali, par exemple, où l'on compte 80 % de musulmans, 18 % d'animistes et 2 % de chrétiens. Des jeunes appartenant aux trois confessions, réunis au sein de la Jeunesse agricole croyante, ont décidé d'édifier ensemble un barrage pour assurer l'avenir de leur village. Là où les divisions religieuses sont parfois source de conflits, ces jeunes ont non seulement prouvé que le service des hommes pouvait permettre le dépassement des vieilles rivalités, mais mieux encore, ils se sont découverts dans leur différence. Ils se sont curieusement aperçus combien ils ignoraient la religion de l'autre. Ainsi tous les ans, la décision a été prise de se rencontrer au cours d'une session de trois jours pour que chacun puisse faire mieux comprendre aux autres les fondements de sa foi. Ces rencontres se révèlent très riches, pour les uns et les autres, car elles permettent d'abattre bien des préjugés, de mieux se connaître et d'approfondir sa propre foi, notamment grâce aux questions que les autres posent.

Même type de situation au Sénégal où les évêques du pays lançaient, en mai 1991, un appel en faveur du dialogue islamo-chrétien. Dans ce document ils rappellent cet exemple donné par les jeunes chrétiens et musulmans qui ensemble travaillent à la construction de cimetières, d'une mosquée ou d'une église, ou encore par ces enfants de religions différentes qui s'efforcent dans une saine émulation de faire de leur école un lieu de paix, de pardon et de fraternité. Leur témoignage est très suggestif : « Collaborer avec les musulmans dans tout ce qui fait grandir la famille humaine, dans tout ce qui construit la paix, dans tout ce qui unit des personnes dans la fraternité, c'est entrer dans la logique du dialogue. Ensemble nous avons une même Parole de vie, une Parole d'Espérance à dire à l'homme d'aujourd'hui : la primauté de Dieu, et d'un Dieu qui parle à l'homme, qui aime l'homme. »

Chez nous

En France, non plus, on ne manque pas d'initiatives.

Les Scouts de France, dans leur mission éducative, se sont engagés à favoriser la naissance d'un scoutisme musulman.

Les Guides de France ont créé, à l'intention des jeunes des banlieues appartenant aux religions les plus diverses, des « Unités Soleil » au sein desquelles elles partagent leur expérience.

Des rencontres de ce type ont également lieu dans beaucoup d'autres mouvements chrétiens. Elles se produisent également dans des organisations non confessionnelles comme l'ASTI (Association de solidarité avec les immigrés). Elles se développent encore sous l'impulsion de campagnes de sensibilisation comme celle lancée en 1992 par les Églises chrétiennes sur le thème « Accueillir l'étranger ».

La guerre du Golfe a été d'autre part, en France, l'occasion donnée aux responsables des grandes religions de faire entendre leur voix commune en faveur de la paix. À deux reprises, les 22 janvier et 4 février 1991, Mgr Joseph Duval, président de la Conférence des évêques de France, le pasteur Jacques Stewart, président de la Fédération protestante de France, Mgr Jérémie, pour les Églises orthodoxes, le grand rabbin Sitruk, Jean Khan, président du CRIF, le Dr Tedjini Haddam, recteur de la Grande Mosquée de Paris, signaient une déclaration commune comme ils avaient déjà eu l'occasion de le faire en 1988 pour dénoncer la montée du racisme en France.

Pour la paix ou le bien de tous, on le voit, les engagements communs sont possibles et multiples... Et à la portée de tous.

Un lien efficace nommé prière

Si les actes de la vie quotidienne et les engagements sociaux peuvent permettre ce dialogue, sont-ils suffisants? Ils ont en fait les limites du pouvoir humain. Assise ou les rencontres organisées en France ont également montré à tous que l'on pouvait également se réunir entre croyants pour prier.

S'agit-il d'une provocation? Non, de telles rencontres se sont déjà produites en maints et maints lieux. Depuis Assise, les grandes religions ont relevé le défi de se rencontrer chaque année pour prier pour la paix. Il y eut Rome, Varsovie, Bari, Malte puis Bruxelles qui, en septembre 1992, accueillit trois cent cinquante représentants d'une douzaine de grandes religions du monde.

Durant la guerre du Golfe, on a également vu, dans toute la France, différentes communautés religieuses se rassembler dans cette même intention : à Marseille, Paris, Fontenay-sous-Bois, Évry, Lille, Montpellier, pour ne citer que ces villes. Les grandes fêtes religieuses de chacun sont aussi des prétextes à se retrouver dans un climat de prière.

« Ces rencontres de prière elles-mêmes qui manifestent la solidarité des croyants de religions différentes et en témoignent aux yeux du monde, sont un exemple et un stimulant pour que l'on avance plus résolument vers la solidarité entre des peuples différents. Les religions, aujourd'hui plus encore que dans le passé, doivent comprendre leur devoir historique de travailler pour l'unité de la famille humaine » (Jean-Paul II, lettre du 10 septembre 1992 au cardinal Cassidy, à l'occasion de la rencontre de prière à Bruxelles; *Documentation catholique,* n° 2058).

La prière est la source la plus profonde de l'expression religieuse du croyant. C'est dans la prière qu'il s'adresse à Dieu. C'est dans la prière que le croyant trouve les forces nécessaires à la poursuite de son engagement.

Au cours de célébrations communes, comme celle d'Assise, des temps de silence alternent avec des moments de prière publique côte à côte. Les premiers permettent à chaque croyant de prier « en son cœur » et de puiser à la source de sa tradition tout en respectant l'intimité spirituelle de l'autre. Au cours des seconds, les participants peuvent, les uns après les autres, exprimer leur foi selon les termes et les convictions de leur tradition.

Sur ce sujet laissons encore le pape témoigner de son expérience : « La prière faite côte à côte, tout en n'effaçant pas les différences, fait apparaître un lien profond qui fait de nous tous d'humbles chercheurs de paix tournés vers Celui qui seul peut en faire le don aux hommes. Dans mon dernier message pour la Journée de la paix (1er janvier 1992), je disais que l'on doit "réaffirmer la nécessité d'une prière intense et humble, confiante et persévérante, si l'on veut que le monde devienne finalement une demeure de paix..." La prière est le lien qui nous unit plus efficacement car, grâce à elle, les croyants se rencontrent là où les différences, les incompréhensions, les rancœurs et l'hostilité sont dépassées, à savoir devant Dieu, Seigneur et Père de Tous. En tant qu'elle exprime authentiquement un juste rapport avec Dieu et avec les autres, elle est déjà un apport positif à la paix » (Jean-Paul II, lettre au cardinal Cassidy, *ibid.*).

7

Les instances officielles au service du dialogue

On a vu combien il est important que les laïcs catholiques aillent à la rencontre des fidèles d'autres religions. Mais l'engagement des laïcs dans le dialogue interreligieux suppose qu'il se fasse en liaison avec le travail des « spécialistes » : responsables religieux, universitaires ou théologiens.

Au sein de l'Église catholique, ces instances spécialisées se situent à plusieurs niveaux. Au sommet, le pape Jean-Paul II est monté en première ligne. Sa démarche et celle du Conseil pontifical pour le dialogue interreligieux, tout aussi déterminées qu'elles soient, n'en demeurent pas moins prudentes, car elles veulent s'aligner sur les principes définis par le concile Vatican II. Convaincus de la nécessité d'un tel dialogue, ils réaffirment régulièrement qu'il ne saurait obliger l'Église à renoncer à son devoir d'annoncer Jésus Christ, unique Sauveur.

Les évêques de nombreux pays s'investissent également dans ce dialogue en Afrique, en Asie ou en Europe. En France, la Conférence épiscopale a pris, notamment, la décision de fonder des Secrétariats pour les relations avec l'islam et le judaïsme. Le président de cette même Conférence rencontre régulièrement les responsables d'autres religions, participe à leurs côtés à des manifestations (à l'occasion de la profanation du cimetière de Carpentras), à des missions (en faveur de la paix en Yougoslavie) ; des déclarations communes sont publiées (contre le racisme ou pour la paix lors de la guerre du Golfe)...

À ce dialogue hiérarchique, s'ajoute celui des monastères. Créé en 1977, le DIM (Dialogue interreligieux monastique) met en relation des monastères catholiques français avec des monastères bouddhistes implantés dans notre pays. Des échanges se font entre moines et lamas notamment au monastère bénédictin de la Pierre-qui-Vire. Ainsi que le rapporte Dennis Gira dans son livre *Les Religions* (Centurion), en 1968, réunis à Bangkok, des moines et moniales, ont pris conscience de ceci : « Le monachisme est dans nos pays (d'Asie) l'institution de l'Église la plus proche des religions non chrétiennes, et il peut devenir le meilleur point de rencontre avec elles. C'est pour cela que l'un des principaux objectifs des moines chrétiens en Asie est d'établir des contacts avec les moines d'autres religions. »

Dans les universités et autres lieux de recherche, des théologiens élaborent des « théologies des religions », étudient les religions non chrétiennes, participent à des rencontres interreligieuses. Des colloques, comme celui de Strasbourg, en 1990, à propos du dialogue islamo-chrétien, ou des cours donnés dans les facultés catholiques de France dont l'Institut de science et de théologie des religions de Paris, permettent la diffusion du résultat de ces recherches et des avancées dans ce dialogue interreligieux.

8

Apprendre à dialoguer

À tous ceux qui s'engagent sur le chemin de la rencontre et du dialogue interreligieux, apprendre est le maître mot. Il faut tout d'abord apprendre à bien se connaître soi-même... et à bien connaître sa propre religion. On ne peut dialoguer d'une façon fructueuse avec l'autre si on ne sait pas se situer soi-même. Le « bon » dialogue interreligieux suppose donc qu'on ait soi-même bien approfondi sa propre foi.
Il est nécessaire ensuite d'apprendre à connaître l'autre, et de découvrir les richesses et les différences que recèle sa foi en sachant, en outre, qu'on ne dialogue pas de la même manière avec un musulman, un juif, un bouddhiste ou... un Témoin de Jéhovah !

Les conditions préalables du dialogue

Certaines conditions préalables s'imposent pour avancer sur le chemin du dialogue. L'encyclique *Redemptoris missio* (La mission du Christ rédempteur) les résume au chapitre 56 : « L'interlocuteur doit être cohérent avec ses traditions et convictions religieuses, et ouvert à celles de l'autre pour les comprendre, sans dissimulation ni fermeture, mais dans la vérité, l'humilité, la loyauté, en sachant bien que le dialogue peut être une source d'enrichissement pour chacun. Il ne doit y avoir ni capitulation ni irénisme, mais témoignage réciproque en vue d'un progrès des uns et des autres sur le chemin de la recherche et de l'expérience religieuse et aussi en vue de surmonter les préjugés, l'intolérance et les malentendus. Le dialogue tend à la purification et à la conversion intérieure qui, si elles se font dans la docilité à l'Esprit, seront spirituellement fructueuses. »

Avec l'islam

Le dialogue islamo-chrétien est sans doute l'un des axes forts du dialogue interreligieux dans le monde, en raison, tout simplement, du nombre de fidèles que comptent ces deux grandes religions (environ deux milliards de personnes à elles deux).

Comme tout dialogue, il ne va pas de soi. Il s'inscrit dans une histoire douloureuse qui a connu bien des affrontements, de croisades en *jihad* (guerre sainte), de guerres coloniales en guerres d'indépendance.

Dans certains pays, ce dialogue demeurera pratiquement impossible, comme en Arabie Saoudite, qui ne tolère sur son sol aucune autre expression religieuse que l'islam. Dans d'autres, comme en Indonésie, le dialogue sera particulièrement difficile dans la mesure où les musulmans de ce pays voient dans le dialogue interreligieux une stratégie des chrétiens pour mieux les convertir.

Mais ce passé douloureux et ces craintes peuvent être dépassés. Au Liban, dans les pays du Maghreb ou en Europe, chrétiens et musulmans apprennent à vivre ensemble, à se rencontrer, à s'engager et prier... Mais pour cela, il faut avant tout apprendre à se connaître dans ses différences comme dans ses richesses.

Au nom d'Abraham.

L'Église catholique nous invite à regarder « avec estime les musulmans qui adorent Dieu Un, vivant et subsistant, miséricordieux et tout-puissant, Créateur du ciel et de la terre, qui a parlé aux hommes. Ils cherchent à se soumettre de toute leur âme aux décrets de Dieu, même s'ils sont cachés, comme s'est soumis à Dieu Abraham, auquel la foi islamique se réfère volontiers. Bien qu'ils ne reconnaissent pas Jésus comme Dieu, ils le vénèrent comme prophète ; ils honorent sa mère virginale, Marie, et parfois même l'invoquent avec piété. De plus ils attendent le jour du jugement où Dieu rétribuera tous les hommes ressuscités. Aussi ont-ils en estime la vie morale et rendent-ils un culte à Dieu, surtout par la prière, l'aumône, le jeûne.

« Si au cours des siècles, de nombreuses dissensions et inimitiés se sont manifestées entre les chrétiens et les musulmans, le Concile les exhorte tous à oublier le passé et à s'efforcer sincèrement à la compréhension mutuelle, ainsi qu'à protéger et à promouvoir ensemble, pour tous les hommes, la justice sociale, les valeurs morales, la paix et la liberté » (Déclaration du concile Vatican II sur les religions non chrétiennes).

Une exigence de clarté.

Le comité Islam en Europe, qui réunit le Conseil des conférences épiscopales d'Europe et la Conférence européenne des Églises, insiste sur l'importance de la formation des chrétiens qui s'engagent dans un dialogue avec les musulmans.

En les aidant à approfondir leur propre foi et à mieux connaître la religion musulmane, cette formation leur permet d'engager le dialogue dans un esprit d'ouverture qui se révélera d'autant plus fécond qu'il sera établi dans une chaleureuse lucidité.

Le décret de *Nostra Aetate* souligne les richesses, les convergences et les différences importantes qui existent entre la foi chrétienne et la foi islamique.

Il est important, en particulier, de bien repérer les différences :

• Les musulmans ne croient pas en un Dieu trinitaire. Donc Jésus ne peut pas être Dieu. Il est simplement à leurs yeux un grand prophète. Verbe de Dieu. Il reviendra à la fin des temps.

• Il n'y a donc pas, pour eux, de salut en Jésus Christ, ni de faute universelle, ni de rédemption. À la fin des temps Dieu jugera les hommes selon leurs mérites.

• Le Coran est la « révélation ultime et parfaite ». À leurs yeux, la Bible et les Évangiles ne contiennent que des révélations partielles et incomplètes.

À l'initiative des musulmans...

Il ne faut pas croire que le dialogue islamo-chrétien ne soit dû qu'à l'initiative des chrétiens. Des musulmans n'hésitent pas à s'y engager avec toute leur conviction.

Ainsi, un universitaire tunisien très connu, Mohammed Talbi, n'hésite pas à affirmer : « Avec le dialogue interreligieux, on retrouve ainsi, entière, l'exigence entière de l'apostolat, mais sous une forme purifiée des scories de la polémique du prosélytisme, générateur de cécité. L'apostolat devient, dans cette perspective, essentiellement ouverture attentive sur l'autre, quête incessante du vrai, par l'approfondissement et l'intériorisation continue des valeurs de foi, et finalement pur témoignage... En somme, notre devoir d'apostolat consiste à témoigner et c'est à Dieu de convertir. »

Ailleurs, en Jordanie, c'est l'Académie royale, dont le premier but est pourtant la diffusion d'une meilleure connaissance de la loi islamique, qui a fait les premiers pas pour rencontrer les anglicans, les orthodoxes puis les catholiques.

En France...

En France, le dialogue islamo-chrétien s'exerce en liaison avec le Secrétariat pour les relations avec l'Islam, fondé sous l'égide de la Conférence épiscopale de France.

Des groupes de réflexion existent, telles l'Amitié islamo-chrétienne (AMIC) qui réunit des représentants officiels des Églises catholiques et protestantes ainsi que d'institutions musulmanes de France, ou au sein de services d'Église comme la Pastorale des migrants.

Des mouvements chrétiens ou institutions (Action catholique de l'enfance, Scouts et Guides de France, aumôneries, Secours catholique, paroisses...) s'ouvrent aux musulmans sans perdre pour autant leur spécificité chrétienne.

(Voir le numéro 462 de *Fêtes et Saisons :* « Le dialogue avec l'islam ».)

Avec les juifs, nos « frères aînés »

Le dialogue judéo-chrétien est loin d'être toujours facile, héritage d'une longue et douloureuse histoire durant laquelle les juifs ont souvent été considérés par les catholiques comme faisant partie du peuple qui a livré Jésus aux Romains pour le faire crucifier.

Le dialogue judéo-chrétien a été amorcé surtout à la suite de la conférence de Seeligsberg en 1947 (au lendemain de la Shoah), et il n'a cessé depuis de progresser. Le concile Vatican II dans les années 60, et plus récemment, la visite de Jean-Paul II à la synagogue de Rome en 1986 (la première depuis deux mille ans !) ont joué un rôle très important dans la poursuite du rapprochement entre ces deux religions.

Lors de sa visite à la synagogue de Rome, Jean-Paul II a repris ce point avec insistance : « Aux juifs en tant que Peuple, on ne peut imputer aucune faute ancestrale ou collective pour ce qui a été accompli durant la Passion de Jésus. Ni indistinctement aux juifs de ce temps-là, ni à ceux qui sont venus ensuite, ni à ceux de maintenant. [...] Il n'est pas permis de dire... que les juifs sont "réprouvés ou maudits", comme si cela pouvait être déduit des Écritures saintes, de l'Ancien ou du Nouveau Testament. »

En France, la Déclaration de repentance, prononcée en 1997 au nom de l'Église de France, a assaini le dialogue. Enfin, les fondements de ce texte ont été repris par l'ensemble de l'Église dans le document de Jean-Paul II : « Nous nous souvenons », publié en 1998.

Les chrétiens ont donc avec la religion juive des rapports privilégiés qu'ils n'ont avec aucune autre religion. Ce sont, en quelque sorte, insiste toujours Jean-Paul II, « nos frères aînés » dans la foi.

À la rencontre du bouddhisme et de l'hindouisme

En Asie comme en France, pays d'Europe dans lequel le bouddhisme est le plus présent, le dialogue interreligieux passe en grande partie par les monastères.

Des jeunes de plus en plus nombreux expriment une certaine quête spirituelle et semblent trouver des réponses dans le bouddhisme. Des chrétiens font cette expérience, sans quitter pour autant leur religion, que ce soit en suivant des enseignements donnés dans les monastères bouddhistes ou en pratiquant un « zen chrétien » (controversé cependant de la part de moines « zénistes » ou de certaines autorités catholiques).

L'implantation bouddhiste en France, depuis une quinzaine d'années, a suscité bien des peurs dans le monde catholique. Aujourd'hui on assiste pourtant bel et bien à l'émergence d'un véritable dialogue interreligieux. La visite du Dalaï-lama au monastère bouddhiste de Saint-Léon-sur-Vézère, en août 1991, avait été l'occasion d'officialiser quelque peu ces relations naissantes. Étaient présents à cette rencontre des personnalités du monde catholique tels l'abbé Pierre, Mgr Poulain, évêque de Périgueux, le père Edmond Pezet, spécialiste du monde bouddhiste, ou le père Damas, père abbé du monastère bénédictin de La-Pierre-Qui-Vire.

Le monastère de La-Pierre-Qui-Vire pratique depuis dix-huit ans ce dialogue avec les bouddhistes. En 1976, des moines y créaient le Groupe Asie. Depuis, bénédictins et lamas du monastère voisin de Plaige s'accueillent réciproquement. Le Groupe Asie a également la particularité de recevoir de jeunes chrétiens ayant fait l'expérience du bouddhisme. Expérience qui, souvent, leur a permis de retrouver le goût du spirituel.

Certains spécialistes du bouddhisme en France souhaitent ardemment que l'Église catholique s'engage un peu plus visiblement dans ce dialogue avec le monde bouddhiste, à l'image de ce qu'elle a osé faire à l'égard du monde musulman. Cela apparaît effectivement d'autant plus souhaitable que l'Union bouddhiste de France (UBF) qui fédère quatre-vingt pour cent des pagodes, centres et instituts, est disposée à un tel dialogue. L'UBF a suscité en son sein une commission de dialogue interreligieux.

Le dialogue avec l'hindouïsme, religion nationale par excellence, lui, n'est pratiqué qu'en Inde. Ses pionniers ont été des Français, les pères Le Saux et Monchanin, qui au lendemain de la Seconde Guerre mondiale, ont fondé des ashrams chrétiens (monastères regroupant des disciples autour d'un maître ou gourou) et mené une vie érémitique à l'école des sages hindous. Aujourd'hui, des chrétiens indiens, comme sœur

Vandana, fondatrice d'ashrams, ou le père Francis Barboza, prêtre et danseur, ont repris le flambeau de ce dialogue inter-religieux, découvrant à leur tour que la foi chrétienne pouvait se vivre et se dire au cœur de la culture indienne.

À l'écoute des religions traditionnelles

Les premiers rapports qu'ont entretenus christianisme et religions traditionnelles (appelées autrefois animismes), notamment en Afrique, ont été difficiles. Ces dernières avaient été rapidement rangées dans les rayons de la superstition et de la sorcellerie.

Là encore, le concile Vatican II a obligé nombre de catholiques et de missionnaires à poser sur elles un nouveau regard en y décelant « ces semences du Verbe divin ».

On a longtemps défini ces religions de polythéistes, ce qui s'est révélé inexact pour beaucoup d'entre elles. Ces religions ont marqué en profondeur les cultures locales, une culture qui continuait de marquer les convertis au christianisme. Au Bénin, dans les années 70, un groupe de chrétiens, baptisé le Sillon noir, se mettait à l'écoute de cette culture et de cette religion traditionnelle. De ce dialogue allait naître l'inculturation.

« Aujourd'hui, confie l'évêque d'Abomey, il ne s'agit plus de couper le baptisé de ses racines, mais de les purifier et les anoblir en y supprimant seulement ce qui peut se révéler incompatible avec la foi chrétienne. » Car ces religions traditionnelles recèlent des trésors qui enrichissent la foi chrétienne et se trouvent, du même coup, enrichies par cette dernière.

Peut-on dialoguer avec les « nouveaux mouvements religieux » ?

Que désigne-t-on réellement par « nouveaux mouvements religieux » ? En fait, un foisonnement de groupuscules très divers, dans beaucoup de cas qualifiés de « sectes ». Certains sont fondés sur la Bible comme les Témoins de Jéhovah ou les mormons, d'autres ont des sources orientales comme Moon ou Krishna, d'autres encore naissent sur le terreau de l'ésotérisme ou du Nouvel Âge.

S'il s'agit dans bien des cas de défendre les chrétiens contre des groupuscules sectaires qui manipulent, aliènent ou escroquent allégrement leurs adeptes, il ne faut pas pour autant condamner cette nouvelle religiosité sans discernement.

Son ampleur manifeste bien une réelle quête spirituelle chez nos contemporains. Établir un dialogue avec des groupes religieux (apparemment possible avec les mormons, les bahi'as, ou pentecôtistes ; refusé par les Témoins de Jéhovah ; avec réserve quant à la scientologie ou les gourous totalitaires) requiert une extrême prudence.

Le Groupe national Pastorale et sectes (GNPS) énonce quelques principes qui peuvent guider les premiers pas :

• Tenir compte de la situation locale.

• Étudier et identifier les éléments ou tendances de ces nouveaux mouvements religieux afin de discerner clairement ce qu'ils proposent et ce qu'ils représentent.

• Dialoguer avec un groupe n'est pas lui donner une caution de respectabilité (on dialogue avec des hommes et non avec des institutions).

• Dialoguer n'est pas donner un blanc-seing à la pensée de l'autre mais accepter la tension d'une mutuelle critique.

• Sans refuser de dialoguer avec les groupes qui ont une stratégie agressive vis-à-vis de l'Église, celle-ci doit considérer la façon de se défendre par des moyens légitimes.

Il existe, toujours selon le Groupe national Pastorale et sectes, trois réactions possibles à « l'offensive des sectes » : en dénoncer les effets destructeurs et nocifs pour l'homme, sans s'occuper du contenu doctrinal ou religieux; combattre leurs fausses doctrines anti-bibliques et leurs idées païennes comme on combat l'hérésie; sans ignorer les excès et les abus, viser à rejoindre le fidèle dans son cheminement spirituel, faire une lecture critique de ces doctrines, sources et manifestations concrètes et lui annoncer la Bonne Nouvelle.

La première approche évacue la motivation spirituelle de celui qui adhère à un nouveau mouvement religieux, la deuxième diabolise cette nouvelle religiosité et ne peut donc y découvrir les « semences du Verbe » qu'elle peut receler. Ces deux approches sont combatives et ne laissent donc pas de place au dialogue interreligieux.

La troisième, sans donner dans l'angélisme ni dans l'inquisition, se veut évangélisatrice par le dialogue critique dans la mesure où le chrétien témoigne de sa propre voie spirituelle : l'Évangile comme Bonne Nouvelle. Mais elle implique beaucoup d'exigences : approfondissement théologique, connaissance du monde des nouveaux mouvements religieux, travail en groupe, risques que présentent ce genre de rencontre et les suspicions qui peuvent en découler... Mais vu l'ampleur du phénomène de la nouvelle religiosité de nos contemporains, peut-on éviter ce dialogue? Sûrement pas.

« Chaque approche, conclut le Groupe national Pastorale et sectes, apporte sa pierre à l'édifice. L'important est que chacun puisse identifier sa propre approche et faire son propre choix, car on ne peut les mener toutes de front. Mais sans jeter le soupçon sur les approches différentes. Alors des collaborations sont possibles et fructueuses entre chacune de ces voies. C'est donc un chantier ouvert » (*Documentation catholique*, n° 2053).

Pour travailler ce document

Dans notre pays, le dialogue entre les religions n'est plus réservé aux seuls spécialistes. Il intéresse chacun de nous. Il s'agit d'ouvrir un véritable dialogue profitable à tous. Ce dialogue s'apprend. Nos communautés chrétiennes sont invitées à l'école du dialogue. Ce carnet de *Fêtes & Saisons* peut nous permettre de réfléchir afin de mieux situer notre propre foi et de mieux témoigner de l'espérance qui est en nous.

Voici une suggestion d'une rencontre qu'il serait possible de proposer à des responsables paroissiaux autour de ce thème du dialogue avec les autres religions.

Avant la rencontre

Quinze jours avant la rencontre, chacune et chacun sera invité à faire particulièrement attention aux différents contacts qu'elle ou qu'il aura avec des personnes ayant une autre religion que la foi chrétienne, que ce soit dans la rue (au moment des courses par exemple...), au travail, à la maison (les compagnons d'école des enfants...), etc. Elle ou il pourra noter la fréquence de ces contacts.

Au cours de ces quinze jours, on prendra aussi le temps de lire totalement le présent carnet de *Fêtes & Saisons* en soulignant : ce que ce carnet apporte de nouveau, les questions qu'il peut poser, telle ou telle phrase paraissant importante concernant la foi chrétienne ou le dialogue avec les autres religions.

La veille de la rencontre, chacune et chacun pourra en deux

ou trois phrases, dire ce qui lui a semblé important à ce sujet, durant ces quinze jours, dans l'attention qu'il a portée aux autres et dans le carnet de *Fêtes & Saisons.*

Au cours de la rencontre

On pourra commencer par la lecture de la prière de Grégoire de Nazianze.

Puis on procédera à un tour de table où chacun lira les deux ou trois phrases qu'il aura notées la veille. Une personne du groupe, au fur et à mesure, pourra transcrire sur un tableau ou une grande feuille, schématiquement, le contenu de ces phrases.

Ensuite en se tournant vers le tableau (ou la feuille) on remarquera les points qui sont revenus plusieurs fois lors du tour de table, les points qui s'opposent, et les points plus particuliers.

Le groupe essaiera ensemble de mettre en ordre d'importance ces différents points afin de constituer une sorte de « charte du dialogue » avec ceux qui ne partagent pas la même foi que nous et que nous rencontrons souvent.

On pourra enfin comparer la charte ainsi composée avec l'esprit de la rencontre d'Assise en 1986 (voir chapitre 1, pages 9-11).

On terminera la rencontre en se demandant comment sensibiliser la communauté chrétienne locale à cette question importante du « dialogue » avec des personnes d'autres religions (par un compte rendu de la rencontre dans la feuille paroissiale, ou en provoquant une nouvelle rencontre, avec d'autres personnes). On peut encore se communiquer des informations glanées dans les revues et journaux chrétiens qui s'efforcent de présenter les autres religions, etc.

Avant de se séparer, on dira le « Notre Père » en pensant que tous les hommes sont ses enfants.

Autre suggestion

Proposer au groupe une réflexion à partir des questions posées dans le n°s 96-97 de la revue *Mission de l'Église* qui porte sur le document « Dialogue et annonce » (voir « Pour en savoir davantage », pages 59-61).

Pour en savoir davantage...

➠ Une encyclique

JEAN-PAUL II, *Redemptoris missio, La mission du Christ rédempteur* avec une préface de Cl. Geffré, Éd. du Cerf, coll. « Documents des Églises », 1991, 134 p.

Le document de référence. Un « guide de lecture » de cette encyclique : la revue *Mission de l'Église,* n° 91, mars 1991, Mission de l'Église, 5, rue Monsieur, 75007 Paris.

➠ Un document pontifical

« Dialogue et annonce », document du Conseil pontifical pour le dialogue interreligieux et de la Congrégation pour l'évangélisation des peuples.

Ce document de référence est édité, avec commentaires, dans la revue *Mission de l'Église,* nos 96-97, septembre 1972.

➠ Des livres

Jean-Claude Basset, *Le Dialogue interreligieux,* préface par Cl. Geffré, Éd. du Cerf, coll. « Cogitatio fidei » n° 197, 1996, 510 p.

Dennis Gira, *Les Religions*, Bayard-Centurion, 1991, 128 p. Accessible à tous.

Dennis Gira, *Comprendre le bouddhisme,* LGF, 1998, 214 p. Une présentation claire et simple.

Pierre Cuperly, *Prières des fils d'Abraham,* Éd. du Cerf, 1992, 272 p.

L'auteur offre dans ce livre un choix de prières musulmanes, juives et chrétiennes.

Jean-Marie Aubert et Gilles Couvreur, *Mission et dialogue interreligieux,* Faculté théologique de Lyon, 217 p.
Lecture un peu plus difficile.

Albéric de Palmaert, *Les Religions face à la guerre*, Bayard-Centurion, 1992, 152 p.
La position des grandes religions monothéistes sur la guerre, la paix, la non-violence, la guerre juste ou sainte.

Jacques Dupuis, *Jésus à la rencontre des religions,* coll. « Jésus et Jésus-Christ », n° 39, Desclée, 1989, 320 p.
Un ouvrage de référence sur la rencontre entre le christianisme et l'hindouisme.

Jacques Dupuis, *Vers une théologie chrétienne du pluralisme religieux*, Éd. du Cerf, coll. « Cogitatio Fidei », n° 200, 1997, 658 p.
Cet ouvrage difficile propose un discours théologique sur le statut des différentes religions dans l'histoire du salut.

➠ Des revues et des brochures

Planète des religions, hors-série de *La Croix,* 1997.
Un document sur l'ensemble des phénomènes religieux. L'invitation à chercher la vérité par le chemin du dialogue.

Chemins de dialogue, revue des divers instituts de sciences et de théologie des religions, 38, rue Paul-Coxe, 13015 Marseille (depuis 1992).

Sens, revue d'informations sur le dialogue judéo-chrétien publiée par L'Amitié judéo-chrétienne de France, tél. : 01.42.80.30.29.

L'Église et l'islam, hors-série de la *Documentation catholique*, 1995.

Textes officiels pour le dialogue entre les chrétiens et musulmans.

➠ **Des numéros de « Fêtes & Saisons »**

- N° 422, « L'Église et le peuple juif aujourd'hui ».
- N° 462 « Le dialogue avec l'islam ».
- N° 511, « Bouddhisme et foi chrétienne ».

➠ **Quelques adresses**

• Secrétariat pour les relations avec l'islam, 71, rue de Grenelle, 75007 Paris, tél. : 01.42.22.03.23.

• Comité épiscopal pour les relations avec le judaïsme, 17, rue des Lyonnais, 75005 Paris, tél. : 01.44.08.76.30.

• Service national Pastorale et sectes, Mgr Jean Vernette, 36 *bis*, rue du Lycée (Boîte 1 A), 82000 Montauban.

• Union pontificale missionnaire, 5, rue Monsieur, 75007 Paris, tél. : 01.53.69.17.40.

• Comité épiscopal des migrants et des gens du voyage, Service national de la pastorale des migrants, 269 *bis*, rue du Faubourg-Saint-Antoine, 75011 Paris, tél. : 01.43.72.47.21.

• Service incroyance-foi, 70, rue Falguière, 75015 Paris, tél. : 01.45.67.50.80.

Table des matières

Prière à l'« Au-delà de tout » 5

Introduction : Dieu a créé la diversité 7

La rencontre d'Assise 9

Les appartenances religieuses en France 17

L'Église et le dialogue 23

Toutes les religions se valent-elles ? 27

La mission de l'Église 29

Un dialogue à la portée de tous 35

Les instances officielles au service du dialogue 43

Apprendre à dialoguer 45

Pour travailler ce document 55

Pour en savoir davantage 59

Achevé d'imprimer en mai 1998
dans les ateliers de Normandie Roto Impression s.a.
61250 Lonrai
N° d'édition : 10848
N° d'impression : 981078
Dépôt légal : mai 1998